GERENCIAMENTO DE TEMPO

Guia Para Obter A Produtividade Eficaz Na Sua Vida

(O Guia Perfeito Para Maximizar O Seu Tempo)

Earl Groff

Traduzido por Daniel Heath

Earl Groff

Gerenciamento De Tempo - Guia Para Obter A Produtividade Eficaz Na Sua Vida (O Guia Perfeito Para Maximizar O Seu Tempo)

ISBN 978-1-989853-03-0

Termos e Condições

De modo nenhum é permitido reproduzir, duplicar ou até mesmo transmitir qualquer parte deste documento em meios eletrônicos ou impressos. A gravação desta publicação é estritamente proibida e qualquer armazenamento deste documento não é permitido, a menos que haja permissão por escrito do editor. Todos os direitos são reservados.

As informações fornecidas neste documento são declaradas verdadeiras e consistentes, na medida em que qualquer responsabilidade, em termos de desatenção ou de outra forma, por qualquer uso ou abuso de quaisquer políticas, processos ou instruções contidas, é de responsabilidade exclusiva e pessoal do leitor destinatário. Sob nenhuma circunstância qualquer, responsabilidade legal ou culpa será imposta ao editor por qualquer reparação, dano ou perda monetária devida às informações aqui contidas, direta ou indiretamente. Os respectivos autores são proprietários de todos os direitos autorais não detidos pelo editor.

Aviso Legal:

Este livro é protegido por direitos autorais. Ele é designado exclusivamente para uso pessoal. Você não pode alterar, distribuir, vender, usar, citar ou parafrasear qualquer parte ou o conteúdo deste ebook sem o consentimento do autor ou proprietário dos direitos autorais. Ações legais poderão ser tomadas caso isso seja violado.

Termos de Responsabilidade:

Observe também que as informações contidas neste documento são apenas para fins educacionais e de entretenimento. Todo esforço foi feito para fornecer informações completas precisas, atualizadas e confiáveis. Nenhuma garantia de qualquer tipo é expressa ou mesmo implícita. Os leitores reconhecem que o autor não está envolvido na prestação de aconselhamento jurídico, financeiro, médico ou profissional.

Ao ler este documento, o leitor concorda que sob nenhuma circunstância somos responsáveis por quaisquer perdas, diretas ou indiretas, que venham a ocorrer como resultado do uso de informações contidas neste documento, incluindo, mas não limitado a, erros, omissões, ou imprecisões.

Índice

Parte 1 1

Introdução 2

Como Planejar Sua Semana 4

PASSO 1: OBTENHA UM CALENDÁRIO 5

PASSO 2: ENCONTRE UM ESPAÇO SEM DISTRAÇÕES 9

PASSO 3: DESPEJO MENTAL E RECORDAÇÃO DE ATIVIDADES 9

Despejo Mental 10

Recordação De Atividades 11

PASSO 4: REVISE SUA VIDA/OBJETIVOS PRINCIPAISE DIVIDA-OS EM OBJETIVOS SEMANAIS MENORES 14

PASSO 5: PRIORIZAR, DIVERSIFICAR E ATUAR 17

PASSO 6: CONSTRUA O SEU CALENDÁRIO 22

PASSO 7: CERTIFIQUE-SE DE QUE VOCÊ SE ATENHA AO SEU PLANO. 24

Como Ser Produtivo 26

Passo 1: Esforce-Se Para Alcançar Os Seus Objetivos E Evitar Distrações 27

Passo 2: Aprenda Quando É Necessário Executar Várias Tarefas 29

Passo 3: Aprenda A Dizer "Não" E "Quando" 31

Passo 4: Mini Despejo Mental 34

Passo 5: Certifique-Se De Tirar As Pausas Necessárias 36

Como Permanecer Motivado 40

Passo 1: Faça O Que Você Ama 41

Passo 2: Benefícios Da Competição 42

Passo 3: Recompensas E Reconhecimento 43

Conclusão 46

Parte 2 48

Introdução 49

Capítulo 1 – Tempo Perdido 51

Capítulo 2 – Os 8 Princípios 54

Capítulo 3 – Comece Já 78

Conclusão 80

Parte 1

Introdução

Gostaria de agradecê-lo por ter adquirido este livro.

Neste e-book você aprenderá estratégias comprovadas e técnicas que lhe permitirão organizar adequadamente sua semana, permitindo que você permaneça produtivo e motivado durante todo o período. O planejamento do tempo será abordado neste e-book, pois é crucial para o seu sucesso. Se for ignorado, você pode acabar por se encontrar desorganizado, entregue à procrastinação, sem motivação e improdutivo.

Ao dominar a produtividade e os métodos de gerenciamento de tempo aqui discutidos, você estará apto a progredir toda semana em direção aos seus próprios objetivos.Você não será perturbado pelas muitas distrações que existem em nossas vidas e terá um plano sobre o que fazer e, mais importante, sobre quando fazer as coisas que planejou.

Com a leitura deste e-book você aprenderá o passo a passo sobre como planejar e agendar a sua semana. Entretanto, você precisará não apenas conhecer as técnicas ensinadas, mas também implementá-las imediatamente em sua vida. Ao fazê-lo, você será capaz de tirar o máximo proveito desta obra e perceberá que pode fazer mais do que acreditava ser possível.

Muitas pessoas criam as suas listas de tarefas, mas têm medo de usá-las, pois parece que as atividades se acumulam e o progresso em relação aos seus objetivos é muito lento. As técnicas ensinadas aqui deverão erradicar esse sentimento e você poderá ficar menos estressado ao olhar para a sua lista de tarefas. Além disso, depois de perceber que alcançou os seus objetivos, você se encontrará mais motivado e realizado, pois será capaz de atingir o que desejava para aquele determinado dia.

Espero que você considere este e-book útil e que obtenha benefícios em sua vida!

Como Planejar Sua Semana

Um calendário semanal é uma das ferramentas de gerenciamento de tempo mais efetivas e será crucial para o seu sucesso. Ele permitirá que você passe pela semana e lhe dará uma visão geral das tarefas que precisará cumprir a cada dia.

Ao dar esse pequeno passo todos os dias, você estará um passo mais perto de realizar os objetivos da sua vida. Existem sete passos que você precisa seguir para planejar sua semana eficientemente, que serão explicados nos capítulos seguintes.

Passo 1: Obtenha um calendário

O primeiro passo para o seu sucesso é obter um calendário. Para isso você tem duas opções principais que são o método do papel e caneta ou um calendário eletrônico. Ambos os métodos têm suas próprias vantagens e desvantagens, mas, no momento, a grande maioria das pessoas usa o método do papel e caneta.

A desvantagem desse método é que ele é cansativo, pois você precisa escrever centenas de atividades à mão. Se você decidir reorganizar a sua lista de tarefas, será possível apagar itens — se você escreveu a lápis — mas mesmo assim a página ficará suja.

Além disso, você precisará transportar uma cópia impressa do seu calendário — o que ocupa espaço. Se perdê-lo, não haverá como recriar sua lista de planos futuros. No entanto, este método não utiliza energia elétrica e por essa razão é amplamente utilizado.

A outra opção é obter um calendário eletrônico. Há diversos modelos e aplicativos/programas para organizá-lo. Se você não quiser nenhum programa sofisticado, pode até mesmo ter um calendário no Microsoft Excel.

A vantagem em usar um calendário eletrônico é que fica muito fácil criar os seus agendamentos. Você pode facilmente arrastar, copiar e colar diferentes entradas.

Você pode, ainda, levar o seu calendário em um smartphone, o qualgeralmente você já costuma carregar consigo o tempo todo. Ou seja, não precisará se preocupar em transportar objetos adicionais para acompanhar o seu progresso e as coisas que ainda precisa fazer durante a semana.

A desvantagem desse método é que ele requer eletricidade. Se você está, por exemplo, viajando ou acampando com quantidade limitada de energia elétrica, poderá ter problemas. Se o seu dispositivo ficar sem eletricidade, seu calendário permanecerá inutilizável até que você esteja próximo a uma tomada.

Escolher o tipo ideal de calendário é essencial, pois você o utilizará por muitas semanas no futuro e, portanto, ele deverá ser o mais confortável possível.

Passo 2: Encontre um Espaço Sem Distrações

Quando você está organizando os seus planos é necessário raciocinar, o que significa que o melhor local para essa tarefa é um lugar calmo. Você precisa eliminar todas as distrações e se concentrar na tarefa que tem em mãos. Isto é especialmente importante para as pessoas, que nunca planejaram sua semana antes, pois este pode ser um processo mais demorado nas primeiras vezes.

Passo 3: Despejo Mental e Recordação de Atividades

Neste capítulo cobrirei dois conceitos, que são: Despejo Mental e Recordação de Atividades. Ambos são cruciais para o sucesso do seu planejamento do tempo e eu darei início explicando cada um deles.

Despejo Mental

Despejo Mental refere-se a "despejar" tudo o que está na sua mente em um pedaço de papel. Neste caso, ao invés de escrever os seus pensamentos, você anotará as coisas que precisa fazer. Não é necessário que essa anotação tenha nenhuma ordem em particular; você só precisa criar uma lista com todas as atividades que terá que realizar. Se for mais fácil, pode anotar palavras-chave ao invés de escrever uma descrição completa de cada objetivo, desde que você saiba posteriormente a que cada tópico se refere em sua lista.

A razão pela qual o despejo mental é crucial para o sucesso é que ele ajuda a limpar a sua mente. Você pode organizar os seus pensamentos com maior facilidade e ainda relembrar outras coisas.Após a atividade de Despejo Mental, você pode seguir com a Recordação de Atividades.

Recordação de Atividades

O termo "recordação de atividades" refere-se a recordar todas as atividades ocorridas na semana anterior. Ao realizar esta prática você se beneficia de dois modos:

1. ajuda a determinar as atividades que precisa realizar periodicamente, por exemplo, mensalmente ou semanalmente;

2. ajuda a refletir sobre suas abordagens para diferentes tarefas.

Ao reconhecer suas tarefas periódicas você estará apto a determinar sua rotina apropriadamente. Por exemplo, se você costuma ir à academia toda quarta-feira após o trabalho, então você pode escrever em seu calendário semanal "Ir à academia". Para quem utiliza um calendário eletrônico, alguns deles possuem a função de definir um evento recorrente, o que significa que você pode configurá-lo para que o evento aconteça novamente todas as semanas e assim registrar sua programação corretamente.

Eu também demonstrarei o segundo benefício com um exemplo. Se você perder um horário marcado com o seu cabeleireiro devido a uma reunião inesperada no escritório, você precisa refletir sobre o ocorrido. A fim de evitar a possibilidade de que uma situação como essa ocorra novamente, você pode agendar seu próximo horário como seu cabeleireiro em um horário mais tarde, e deixar algum tempo livre para reuniões inesperadas (especialmente se elas costumam ocorrer com frequência).

Passo 4: Revise Sua Vida/Objetivos Principaise Divida-os em Objetivos Semanais Menores

Todos têm diferentes objetivos de vida. Comprar uma casa, escrever um livro, praticar paraquedismo ou viajar ao redor do mundo.São infinitas as metas que as pessoas têm e elas só serão alcançadas por quem se esforçar para isso. O melhor jeito para isso é dividi-las em pequenos marcos e começar a trabalhar na realização de cada um deles.

A melhor forma de realizar os objetivos de sua vida é dividi-los em partes menores. Por exemplo, se o seu objetivo for escrever um livro, você pode anotar em seu calendário a meta de escrever 1000 palavras durante a semana. Você pode até mesmo dizer que deseja escrever 200 palavras de segunda a sexta-feira, e separar o sábado e domingo para outros compromissos. O significado disso é que o seu passo será lento, mas os seus objetivos são realizáveis e realistas; você simplesmente precisa fazê-los ao invés de procrastinar. Se você sente-se ótimo durante a semana por ser capaz de cumprir a sua meta, será mais fácil exceder o seu objetivo e escrever mais de 1000 palavras.

Por outro lado, se o seu objetivo for escrever o livro inteiro durante a semana, o que pode não ser realista, você não se sentirá feliz, pois não será capaz de cumprir essa meta. Os resultados para isso são queda na produtividade e na motivação.

Além disso, ao dividir seus objetivos em partes menores, você pode resolver diferentes partes do mesmo objetivo simultaneamente. Voltemos ao exemplo do livro: você pode querer gastar 1 hora por dia relendo o que havia escritohá um mês, para refrescar a sua memória e também para revisar o que escreveu a fim de corrigir erros.Você estará trabalhandono objetivo de escrever o livro, mas agora fazendo o trabalho de revisão, e não o de escrita.

Para tornar mais fácil o processo de realizar as metas semanais, você pode consultar a lista que criou durante as atividades de despejo mental e recordação de atividade. Classifique as diferentes listas de tarefas em cada objetivo correspondente.

Passo 5: Priorizar, Diversificar e Atuar

Agora que você já anotou todos os seus objetivos e os classificou, o próximo passo será explicado neste capítulo.

Em primeiro lugar, você precisa priorizar. Para isso, você ranqueará suas atividades/metas da menos importante até a mais importante. Pessoas diferentes têm prioridades diferentes, que são influenciadas por suas necessidades e desejos. Por exemplo, ler um livro é uma prioridade alta para um estudante, pois cobre o material para sua próxima prova. Mas será de prioridade baixa para um empresário, já que ele tem pouco tempo para ler um livro, pois precisa participar de várias reuniões de negócios.

Embora a prioridade das tarefas/atividades possa ser diferente, é necessário priorizá-las em pelo menos três categorias distintas:

Prioridade Alta:

São as atividades inadiáveis e que precisam ser feitas. Exemplos desse tipo de atividade são eventos como aniversários ou casamentos, reuniões de negócios e outras atividades similares.

Prioridade Média:

Atividades importantes que podem ser adiadas, mas que seja preferível cumpri-las no prazo. Como exemplo podemos citar um encontro romântico ou ir ao bar com os amigos. Aqui também entram as atividades que requerem muito tempo de planejamento, como uma viagem.

Prioridade Baixa:

Pertencem a esta categoria o grupo de atividades que possam ser facilmente adiadas ou canceladas. Os hobbies também se encontram nesta categoria.

Depois da atividade de priorização, você pode garantir que sua agenda seja diversificada. Você pode ter certeza de que estará planejando atividades que tornarão a sua semana mais agradável. Por exemplo, se você trabalha preso a uma mesa, seria interessante tentar atividades diferentes, como escalar uma montanha ou surfar. As montanhas ou as ondas do oceano concederão o seu merecido descanso.

Quando você diversifica, você também reserva um espaço para acontecimentos inesperados. Imagine que você seja convidado de surpresa para uma festa ou para beber com seus melhores amigos. Se você não costuma receber convites, poderá usar o seu tempo livre para alguma atividade espontânea ou que não havia sido inicialmente planejada, como uma viagem curta para a praia ou mesmo nas redondezas.

Após priorizar e diversificar as atividades semanais, o próximo passo é atuar. Ou seja, você escreverá suas atividades utilizando para isso verbos de ação. Você pode ter anotado que deveria preparar uma apresentação para a semana seguinte. No passo de atuação, você escreverá "<u>Mostrar</u> os slides aos meus colegas e <u>praticar</u> com eles".

Após o passo de atuação, você conseguirá visualizar claramente as ações a serem seguidas. Se você não tem ações/guias claros para seguir, fica mais difícil partir para a ação. Se você ler no seu calendário

"Apresentação" é mais difícil partir para a ação, pois você não saberá se deve fazê-la, ensaiá-la ou assistir a apresentação de outra pessoa. Seguindo este passo você se tornará mais inspirado para as coisas que precisa fazer.

Passo 6:Construa o seu Calendário

Quando começar a anotar suas atividades no calendário, tenha certeza de iniciar pelas atividades de alta prioridade, trabalhando a seguir com as de média prioridade, seguidas pelas de baixa prioridade. Dessa forma você terá certeza de não se esquecer de nenhuma atividade importante, e de reservar um tempo para cada uma delas.

Se alguma das atividades de alta prioridade demorar um tempo maior do que o que você havia planejado, você pode adiar ou mesmo cancelar algumas das de baixa prioridade, dependendo do que for.

Também é recomendável anotar diferentes prioridades em cores distintas. Isso permite que você reconheça rapidamente o montante de atividades que precisará realizar durante o dia sem nem mesmo precisar lê-las. Pessoalmente, costumo anotar alta prioridade em vermelho ou laranja, média prioridade em amarelo e baixa prioridade em verde. No entanto, a escolha de cores fica por sua conta, dependendo de com que cor você associa as diferentes prioridades.

Caso não seja possível encaixar todas as suas atividades na semana, você pode verificar quais dentre elas podem ser canceladas ou adiadas. Você também pode revisar os seus objetivos e decidir se é possível dividi-los em partes ainda menores. Em caso positivo, faça isso e anote os novos objetivos.

Passo 7: Certifique-se de que Você se Atenha ao seu Plano

Após seguir todos esses passos, você já deve ter anotado suas atividades para a próxima semana, destacando-as em diferentes cores, adiado ou cancelado algumas delas. O próximo passo especialmente crucial, onde muitos falham, é manter a sua rotina. Entretanto, se algo não ocorrer de acordo com os seus planos, não tenha medo de modificá-los um pouco. Se você não for capaz de cumprir 90% do que havia planejado, considere reduzir suas atividades ou modificar as prioridades.

Além disso, pode ser muito tentador cancelar todas as atividades programadas e criar algum tempo extra para outras atividades, como assistir à TV. No entanto, isso anula o propósito de criar o cronograma. Os próximos capítulos discutem sobre como se manter produtivo e motivado.

Como Ser Produtivo

Primeiramente, vamos discutir sobre o que é produtividade. Trata-se de uma medida das coisas que podem ser realizadas em um determinado período de tempo, o que neste caso é uma semana. Isso significa que não é suficiente apenas planejar. Você também deve certificar-se de que está aderindo aos planos e cumprindo as metas.Além disso, a produtividade não se refere ao tempo gasto em uma atividade, pois você pode gastar tempo improdutivamente, por exemplo, assistindo à TV por 12 horas, mas também pode realizar muitas coisas em uma hora.

Você pode melhorar sua produtividade seguindo as cinco etapas a seguir, explicadas nos próximos capítulos.

Passo 1: Esforce-se para Alcançar os seus Objetivos e Evitar Distrações

Uma das maiores distrações em nossa sociedade é a internet. Você pode manter um programa de e-mail ou o Facebook aberto no background. Caso alguém envie um e-mail ou mensagem você estará tentado a lê-la. Então você segue um link enviado por um amigo, em seguida outro, e outro, até que tenha gasto uma hora do seu tempo improdutivamente pesquisando na Internet.

A razão mais comum para se distrair com várias outras coisas é porque podemos achar que nossa atividade planejada é assustadora/trabalhosa, o que significa que essas distrações são mais interessantes para nós. Quando estamos distraídos nos sentimos bem inicialmente, já que estamos fazendo coisas mais interessantes. Porém, depois de passar algumas horas distraídos sentimos um alto nível de estresse, pois não conseguimos realizar o que havíamos planejado inicialmente. Portanto, se você se certificar de que não se distrairá (por exemplo, desativando seu telefone, e-mails e outras redes sociais), você aumentará significativamente sua produtividade.

Dependendo da pessoa, pode haver distrações diferentes que aumentem a produtividade. Por exemplo, muitos escritores escrevem enquanto ouvem música, já que são capazes de produzir de maneira mais eficaz dessa forma. No entanto, esses tipos de efeitos variam de pessoa para pessoa. O ponto principal é que você precisa eliminar as distrações que atrapalham sua produtividade e permitirsomente as o que a melhorem.

Passo 2: Aprenda Quando é Necessário Executar Várias Tarefas

Muitos livros sugerem que você será mais produtivo ao focar em uma única atividade ao invés de tentar realizar várias simultaneamente. Eu, porém, acredito que depende da situação.

Se você estiver realizando pequenas multitarefas, como escrever e ouvir música, ou ler e comer, não haverá uma perda na sua produtividade. Porém, se você pretender, por exemplo, dirigir e falar ao celular, ocorrerá uma diminuição da qualidade das duas atividades. Você não estará apto a dirigir da mesma forma que dirigiria se não estivesse telefonando. Esse é o motivo pelo qual em alguns países é contra a lei dirigir e falar ao telefone ao mesmo tempo.

Portanto, é crucial entender o momento

em que você pode executar várias tarefas e quando é necessário evitá-las. De um modo geral, eu diria que você pode realizar múltiplas tarefas para pequenas atividades, mas tente evitá-las para as maiores.

Passo 3: Aprenda a Dizer "Não" e "Quando"

Existem muitas coisas que podem ser feitas em uma semana. Porém, uma pessoa sozinha não é capaz de fazer absolutamente tudo, pois cada um de nós tem seus limites e, mais importante, uma semana tem apenas 168 horas, desconsiderando o tempo necessário para dormir. Há momentos em que será necessário dizer "não" a uma atividade, e mostrarei abaixo exemplos de quando você deverá dizer "não".

1.A atividade não se encaixa em suas metas ou planejamento semanal.

2. A atividade fará com que outras mais importantes precisem ser canceladas ou adiadas.

3. A atividade deveria ser realizada por outra pessoa.

4. A atividade é uma distração.

5. A atividade utilize recursos (tempo também é um recurso) que são necessários para outras atividades.

Ser capaz de saber quando dizer não economizará tempo e outros recursos que podem ser usados para outras atividades mais importantes.

Haverá alguma situação em que você não poderá dizer não ao trabalho adicional, mas você já estará tão ocupado quanto uma abelha. Nesse caso, você pode reprogramar/cancelar algumas de suas atividades ou delegá-las. Assim você transmitirá algumas de suas atividades para outros e aumentará sua produtividade à medida que envolver mais pessoas nessas atividades.

Ao delegar, você segue a mesma regra, que é dividir o objetivo maior em metas menores. Se possível, você pode até delegar as tarefas menores para vários indivíduos.

Se não houver pessoas para as quais você possa delegar as tarefas, tente agrupá-las de acordo com a semelhança e executá-las ao mesmo tempo. Por exemplo, um chef precisa preparar várias porções do mesmo prato e a melhor idéia é preparar todos os ingredientes para todos os pratos ao mesmo tempo, em vez de, por exemplo, cortar 1 cebola para um prato e cortar a outra cebola mais tarde, quando ele começa a trabalhar em sua segunda porção.

Passo 4: Mini Despejo Mental

Conforme discutido em um capítulo anterior, um despejo mental consiste em anotar as atividades que estão em sua mente em um pedaço de papel. Essa técnica não é útil apenas para o planejamento semanal, mas também para o planejamento diário. Você pode escrever as idéias em um bloco de notas ou post-it. Depois de terminar uma tarefa, você pode riscá-la.

A razão pela qual o despejo mental é muito útil é porque ele libera espaço em seu subconsciente. Quando você não anota as tarefas, elas permanecem em sua mente como coisas que ainda precisam ser feitas. No entanto, ao anotá-las, você pode esquecê-las, na certeza de que elas estão anotadas e poderão ser consultadas quando for necessário refrescar a memória.

Passo 5: Certifique-se de Tirar as Pausas Necessárias

Tirar uma pausa é um dos melhores métodos para aumentar sua concentração e produtividade. Esse é o motivo pelo qual essa estratégia é amplamente utilizada em escolas e universidades. Muitas pessoas acreditam que, quando você para de trabalhar, você pode perder o seu "fluxo" e se tornar inconsistente. Isso pode ocorrer se, por exemplo, você for um escritor e estiver no meio de uma inspiração. Entretanto, esse não é sempre o caso e você deve experimentar algumas pausas.

Se você tem trabalhado em uma atividade por muitas horas seguidas, sua produtividade pode diminuir ou a qualidade do seu trabalho pode se deteriorar. Isso ocorre porque você não é mais capaz de manter o mesmo nível de energia com o qual começou a trabalhar quando iniciou a atividade.

Há muitas teorias diferentes sobre como tornar as pausas mais eficazes. Eu pessoalmente prefiro fazer uma pausa de 10 minutos a cada 50 minutos, o que significa que vou gastar 1/6 do meu tempo relaxando. Outra teoria é que você precisa fazer 5 minutos de intervalo a cada 25 minutos de trabalho, assim você ainda gasta 1/6 do seu tempo em intervalos, porém com mais pausas. Eu pessoalmente prefiro trabalhar por 50 minutos seguidos, pois sinto que minha produtividade começa a se deteriorar após cerca de 45 a 50 minutos. No entanto, essa é uma preferência pessoal e você pode tentar as duas maneiras para determinar o que melhor se adequa ao seu estilo.

Fazer pausas tem alguns benefícios. Em primeiro lugar, você é treinado a acostumar-se a seguir um horário. Se você conseguir cumprir sua programação diária, terá mais chances de cumprir sua programação semanal. Além disso, os intervalos permitem que você valorize e diferencie os intervalos e o tempo de trabalho.

No entanto, não se atenha a essas pausas como uma regra, mas use-as como uma diretriz. Não significa que uma vez que você tenha trabalhado por exatos 50 minutos seguidos, você terá que jogar tudo para o alto e fazer uma pausa. É melhor que você termine o que está fazendo e só então faça a pausa. Por exemplo, se você estiver escrevendo um livro, termine a frase ou o parágrafo para não perder o raciocínio.

Em algumas profissões não é adequado realizar pausas em intervalos tão curtos. Se você for um chef e for horário de pico, você não pode simplesmente dizer ao seu cliente para esperar por cinco minutos, fazer uma pausa de 5 minutos e abandonar todos os pratos, ou deixar queimar todos os alimentos. No entanto, se a gerência permitir fazer pausas, não se sinta envergonhado eutilize-as para aumentar sua produtividade.

Como Permanecer Motivado

Quando você começa a trabalhar em uma tarefa/atividade, é fácil pensar: "Vou começar a fazer um plano semanal e segui-lo rigorosamente", mas na realidade todos nós tendemos a desistir rapidamente. Isso já aconteceu comigo por diversas vezes. Esse fato ocorre porque reunimos a força de vontade para começar a trabalhar em uma ideia, mas raramente para manter a motivação e continuar o processo. Existem três etapas para manter-se motivado, que são explicadas mais adiante neste e-book.

Passo 1: Faça o que Você Ama

A fim de manter-se motivado, você precisa encontrar uma atividade que o mantenha automaticamente estimulado, independentemente do quanto você a execute. Isso quer dizer que você precisa encontrar algo que goste de fazer, pois assim não se enjoará da tarefa.

Além disso, você não deve gastar o seu tempo em atividades que não ame, mas que precisa realizar para pagar as contas. Ou seja, se você trabalha como caixa, mas gostaria de escrever músicas, você deve definitivamente tentar fazê-lo.Você só se sentirá realizado se lutar pelo seu objetivo e o conquistar. Obviamente, você não poderá fazer a transição de caixa para compositor em um único dia, mas pode começar a trabalhar nele todos os dias/semanas e tentar alcançá-lo.

Passo 2: Benefícios da Competição

Há casos em que você precisa de uma rivalidade amistosa para executara tarefa em mãos. Se você perceber que outra pessoa é capaz de realizá-la, você se convence de que também pode, o que o motiva a atingir sua meta.

Se você tenta competir com outras pessoas para fazer a mesmatarefa ou alguma semelhante, também será inspirado a cumprir o seu cronograma e tentar vencer seu concorrente. Isso também significa que você pode pegar uma faísca de inspiração ou inovação de fazer algo de forma diferente do seu concorrente.

Passo 3: Recompensas e Reconhecimento

Uma das maneiras mais comuns de motivar o seu colaborador é dar recompensas ao final do trabalho. Pode ser uma recompensa monetária em termos de bônus ou completamente não monetária, como um elogio. Isso funciona bem e deve ser usado por você mesmo, mas neste caso você estará definindo metas e recompensas. Novamente, as recompensas podem variar dependendo da tarefa, mas não precisa ser algo enorme, como férias. Pode-se optar por uma bebida gelada à noite, ao final de um longo dia, relaxando e preparando-o para o dia seguinte.

Gaste algum tempo reconhecendo as coisas que você realizou. Eu costumo fazer isso mensalmente, quando reviso todas as atividades que fiz no meu calendário e reviso meu progresso para atingir minhas metas de vida. Essas reflexões não precisam ser mensais, podem ser semanais.Eu diria que não é suficientemente frequente fazê-las anualmente. No entanto, a frequência com que você faz suas reflexões regulares é sua escolha pessoal. Se você não costuma fazê-las, pode ficar preso na rotina e não perceber o quanto está realmente trabalhando. Ver o progresso em direção aos meus objetivos me motiva ainda mais e me deixa pronto para enfrentar o próximo mês de frente.

Conclusão

Obrigado por reservar um tempo para ler este livro. Espero que tenha aprendido com ele e o achado valioso. É importante lembrar que você não deve apenas saber o que está escrito neste e-book, mas sim implementar as técnicas nele ensinadas, para realmente se beneficiar do conhecimento.

O planejamento é uma habilidade, e como qualquer outra habilidade, quanto mais você praticar, melhor se tornará. Portanto, meu melhor conselho é começar a planejar e se acostumar com isso. Quanto mais você faz, mais fácil se torna. Sugiro que você siga os passos explicados neste livro por pelo menos 2 semanas (14 dias) e veja como isso o ajudará. Espero que, ao final do período de duas semanas, você perceba que realizará mais coisas diferentes e adiará menos.

Parte 2

Introdução

Eu gostaria de agradecer e te parabenizar por fazer o download desse livro. Esse livro contém passos comprovados e estratégias em como fazer mais durante o seu dia. Você vai descobrir que usando apenas uma dessas práticas, a quantidade de tarefas finalizadasmelhorará muito.Eu pessoalmente utilizei estes 8 princípios e venho obtendo um tremendo sucesso. Estou sendo capaz de cumprir mais nas últimas semanas do que cumpri nos últimos anos. Colocar em prática o que você aprendeu melhorará todos os aspectos da sua vida e te dará um senso de realização. Obrigada novamente por fazer o download deste livro. Espero que você o aproveite!

Capítulo 1 – Tempo Perdido

Diariamente, nos é concedida 24 horas para alcançar o máximo possível.Algumas pessoas são capazes de completar todas as tarefas programadas para o dia e outras simplesmente se sentem sobrecarregadas com a quantidade de itens que precisam ser feitas.Não é que nós nos comprometemos com mais atividades do que conseguimos fazer, mas é que simplesmente não temos um sistema interno que nos permite usar nosso tempo de forma inteligente.

O tópico "Administração do tempo" deu origem há muitos métodos para executar as atividades, mas na realidade, tudo se resume na implementação de 8 princípios na nossa rotina diária. Estes 8 princípios são fáceis de seguir e você será capaz de colocá-los em prática imediatamente.

Muitas pessoas passam seus dias completando tarefas simples que não as colocam perto dos seus objetivos ou no caminho certo para viverem as vidas que sonham.Este é o problema, a maioria das pessoas somente sonham em viver uma determinada vida.Todos nós temos sonhos grandes,vontades, mas muitas pessoas não se esforçam o suficiente para alcançar a vida dos seus sonhos.A fim de alcançar qualquer coisa na vida, nós precisamos primeiro saber o que estamos tentando alcançar. Nós temos que saber porque queremos alcançar a tarefa descrita e precisamos saber como vamos alcançar!Estes 8 princípios tornam isso possível, planejando seu dia e completandoo trabalho planejado.Sem um plano nós estamos apenas perdendo tempo!

Capítulo 2 – Os 8 Princípios

Estes 8 princípios mudarão sua vida de um jeito muito positivo, desde que você leia as informações e as coloque em prática.Eu acredito muito que informação sem ação é inútil.Ler e reler cada princípio até você ter uma compreensão firme da importância e o impacto que eles terão os colocando em prática na sua vida.Se você quer alcançar mais com o seu tempo, então estes 8 princípios podem te ajudar justamente com isso!

Tire um tempo e faça um compromisso de incorporar ao menos um, se não todos estes 8 princípios na sua vida.Esse compromisso não é para ser considerado leve.Você comprou esse livro porque quer ver resultados e eu prometo que se você fizer um compromisso e se esforçar, você verá a mudança em sua vida para sempre!

~ COMECE SEU DIA DIREITO ~

Pessoas bem-sucedidas seguem uma rotina.Elas acordam em horários específicos e iniciam seus dias de uma maneira que os permitem alcançar o máximo.Pessoas bem-sucedidas entendem a importância de uma nutrição apropriada e como acordar suas mentes e seus corpos.Um dos meus palestrantes motivacionais favoritos e orientador de vida, Tony Robbins, ensina uma prática chamada de "hora do poder".A ideia da "hora do poder" é se levantar e se movimentar.Isso não significa que você deve se levantar e correr uma maratona, mas que quando seu alarme tocar, você deve se levantar.Não aperte o botão da soneca, não pegue seu celular e verifique seus e-mails, não entre no Facebook, LEVANTE E MOVIMENTE-SE!

Eu descobri que programar meu alarme num local que eu não consiga alcançar facilmente, me ajuda a levantar da cama mesmo quando eu não quero.Eu mantenho uma garrafa de água perto do alarme e bebo imediatamente após me levantar.Isso ajuda a iniciar o metabolismo assim como hidrata suas células.A próxima parte da minha rotina é me alongar e me exercitar.Estar fisicamente bemte dará mais energia, vibração e um senso de realização.

Assim é como você tem que gastar a primeira hora do seu dia.Se você se atrasar para acordar e correr para ficar pronto para o trabalho, você está se negligenciando e se impedindo de cumprir seus objetivos.Talvez você precise ir para a cama mais cedo ou perder uma parte do seu sono a fim de iniciar essa rotina matinal.Eu sei o que você está pensando: "Não preciso dormir ao menos 8 horas por noite?"Há muita controvérsia a respeito desse assunto, mas o fato é que os cientistas não foram capazes de definir uma razão para dormir.Nós podemos perceber seus efeitos e também entender que as consequências de não dormir por dias pode ser crítico, mas nós ainda não sabemos o motivo.Eu lembro de ter lido que o Trump dorme apenas de 5 a 6 horas por noite e também escutei que Einstein e

Edison ambos praticavam a arte de tirar cochilos ao invés de dormir um longo período à noite.eu não estou dizendo que você precisa desistir de dormir, mas talvez os benefícios que você ganhará em acordar uma hora mais cedo para iniciar seu dia direito superarão a hora de sono perdida.

~ TENHA UM PLANO E TRABALHE NELE ~

Este é um dos aspectos mais importantes da administração do tempo,obtendo os resultados espetaculares que você procura.Pense nisso...Como você obterá resultados se você não tem certeza do que está tentando alcançar?Ter uma lista clara de objetivos direcionará sua vida e te dará um senso de realização quando você os alcançar.

A maioria das pessoas não entende totalmente a importância de planejar seu tempo, nem tão pouco entende a importância de escrever cada uma das tarefas num papel ou digitá-las e imprimi-las.É muito fácil para alguém dizer que vai fazer algo e nunca de fato realizar aquele objetivo.Quando você escreve suas tarefas num papel, está estabelecendo um compromisso não formal e o processo de escrevê-los te permite pensar mais em cada um deles.

É importante pensar mais em cada um dos planos diários quando os estiver escrevendo.Eu uso o formato: "O que?""Por que?""Como?"e descobri que sou capaz de criar listas de tarefas que eu constantemente consigo cumprir.O "O que?"é a tarefa propriamente dita e algumas vezes nós não a escrevemos de uma forma que melhor descreve o que exatamente precisa ser feito, então isso pode mudar algumas vezes.O "Por que?"é o propósito em querer cumprir essa tarefa.Definindo a razão por querer completar a tarefa dará mais significado e propósito a ela.O "Como?" é simplesmente uma lista onde você escreve as inúmeras maneiras que tem de cumprir sua tarefa.Algumas vezes existem diversos métodos de ataque e os escrever dará uma ideia melhor de qual deve ser considerado a fim de completar a tarefa.

Exemplo

O que – Perder 4,5kg em 90 dias;

Por que –Para ter mais energia e aumentar minha autoconfiança. Estar em melhor forma fará eu me sentir melhor comigo mesma e me permitirá viver mais, com mais saúde e ter uma vida mais feliz;

Como – Mudar minha dieta, me exercitar 3x na semana na academia, correr, nadar alguns dias da semana, me juntar a um grupo de ginástica, dar no mínimo 10.000 passos por dia, parar de comer fora no almoço, preparar minhas refeições para a semana antecipadamente etc.

A importância de usar esse método quando criar a lista de tarefas diárias é que agora você criou um compilado de razões para completá-las e talvez tenha percebido que não as alcançar lhe causará consequencias.Como você deve já ter adivinhado, eu listei diferentes maneiras de perder meus 4,5kg.Após ter criado sua lista de "Como?"para alcançar seus objetivos, você agora pode diminuir essa lista para 3 ou 4 principais métodos que você gostaria de incorporar na sua vida.

Escrevendo estas outras ideias, você terá uma lista de planos a mais.Esta lista de planos a mais pode ser utilizada se por alguma razão você não conseguir mais fazer uma atividade que você estava acostumado a fazer para cumprir sua tarefa.Por exemplo, você decidiu começar a correr, mas acabou sofrendo com dores no joelho.Na lista de "Como?"eu também inclui natação.Nadar é uma atividade que não causa impacto e não afetará o joelho, mas continuará dando resultados.

~ BLOQUEANDO / ORGANIZANDO ~

Eu tenho certeza que você está se perguntando o que quer dizer essa prática e a verdade é que ela está diretamente ligada ao planejamento.Bloquear ou organizar é uma forma de planejamento.Esse método envolve segregar alguns blocos de tempo a fim de ter algumas tarefas concluídas para um único objetivo.

Uma vez, um grande mentor que tenho, descreveu esse método para mim em detalhe.Ele pessoalmente utiliza esse método diariamente e teve grande sucesso em todos os aspectos da sua vida.Ele me explicou esse princípio e então eu consegui ser mais produtiva e usar meu tempo de uma forma um pouco mais inteligente.

Quando você começa a usar esse princípio, você pode iniciar utilizando grandes porções de tempo para trabalhar em direção à um tópico mais amplo.

Exemplo

Das 7h às 9h = rotina matinal;

das 9h às 11h = trabalhar no livro atual;

das 11h às 12h30 = exercício;

das 12h30 às 15h = trabalhar na marca e promover meu trabalho;

das 15h às 18h = fazer telefonemas de vendas diretamente para as empresas de marketing;

das 18h às 20h = tempo com a família/jantar;

das 20h às 21h = reflexão diária;

das 21h às 22h = pesquisa para o próximo livro;

das 22h às 7h = relaxar/dormir.

Quando você começa a utilizar esse método com mais frequência, você pode quebrar estes blocos de tempo em tarefas menores, utilizando períodos de tempomenores.

<u>Exemplo</u>
Das 9h às 9h30 = escrever o livro;
das 9h30 às 10h = editar parte do livro que já foi escrito;
das 10h às 10h30 = formatar uma parte do livro que já foi escrito;
das 10h30 às 11h = desenhar a capa do livro.

Existem aplicativos disponíveis tanto para celulares Apple quanto Android que te permitirão bloquear seu tempo dessa forma e estes aplicativos têm até alarmes entre as tarefas.Eu tentei usar alguns, mas descobri que é mais fácil pra mim simplesmente ajustar o alarme do meu celular.Ajustando o alarme você não perde tempo olhando o relógio a cada 5 minutos para ver se está na hora de iniciar uma nova tarefa.

Eu espero que você consiga usar esse tipo de planejamento de tempo na sua vida pessoal.Como sou autônoma, uma grande parte do meu dia não é ocupado por um trabalho das 9h às 17h.Até mesmo se você tem um emprego que deve trabalhar durante um certo período de tempo, esse método ainda pode ser usado.A maioria dos trabalhos têm tarefas diferentes que precisam ser feitas e bloquear o tempo pode te ajudar a permanecer na tarefa e fazer mais mesmo se você trabalha para alguém.Lembre-se que pessoas bem-sucedidas seguem uma rotina e planejam seus dias.Use esse método e você verá mais resultados!

~ SAIBA QUANDO DIZER NÃO! ~

Este pode ser um dos princípios mais difíceis de dominar.Saber quando dizer não é difícil e algumas vezes dizer não pode ter muitos efeitos colaterais diferentes.Talvez uma pessoa querida quer que você faça algo ou um amigo te convida para alguma atividade.Embora você queira mostrar para a pessoa querida que você se importa ou quer se divertir com seu amigo, algumas vezes você deve dizer não!Existem apenas 24 horas no dia, 7 dias na semana e 365 dias no ano.Você deve tomar uma decisão que te permite usar seu tempo de forma inteligente.

Este princípio é provavelmente um dos mais importantes dentre os 8 princípios descritos neste livro.Na maioria das vezes estas ofertas de amigos e membros da família aparecem no último minuto e não se adequam ao seu planejamento diário.Quando dizemos sim, estamos dizendo para nós mesmos que tudo bem colocar de lado o que havíamos planejado e estamos sugerindo também que essa nova atividade é mais importante.Talvez parte do seu planejamento diário seja acordar, se exercitar e preparar as refeições para o restante da semana.Quando nós deixamos de lado o exercício e a preparação das refeições, podemos estar deixando de fazer mais do que sabemos.

A preparação da refeição deverá agora ficar para outro dia.Todas as vezes que desviamos do nosso planejamento diário, estamos fazendo nossa lista de itens a ser concluídos, maiores para o próximo dia.Isso me remete ao meu próximo princípio...PROCRASTINAÇÃO.

~ NÃO PROCRASTINE ~

O que é procrastinação e como evitar?Procrastinação é a prática de adiar o urgente em favor do menos importante ou simplesmente atrasar ou ignorar a tarefa toda.Eu já escutei que a procrastinação é a causa de muitos fracassos.Procrastinação pode vir de várias formas.Algumas pessoas procrastinam adiando tarefas mais difíceis em favor das mais fáceis.Outras pessoas escolhem ignorar o fato de que algo precisa ser feito e simplesmente não fazem nada.

Seguir minhas outras 12 práticas te ajudará a evitar a procrastinação, pois elas te forçarão a seguir estas regras:

- Defina seus objetivos e saiba o motivo pelo qual você quer cumprir cada tarefa;

- Crie um plano e trabalhe nele!(Falhar no planejamento é planejar para falhar);

- Crie uma lista de tarefas organizadas por importância;

- Separe tarefas maiores em várias pequenas;

- Avise as pessoas das suas intenções para que eles te ajudem na responsabilidade;

- Crie um programa de recompensa / punição para cada tarefa mais difícil;

- Saiba que sempre haverá mais para fazer;
- Não tenha medo de pedir ajuda.

~ FOCO ~

Na sociedade moderna, é muito fácil perder de vista o que é importante.Nós preenchemos nossos dias com mídia social e gastamos incontáveis horas procurando informação na internet apenas para ocupar o tempo.Nós perdemos algumas de nossas habilidades de interação social e gastamos nosso tempo com amigos e família olhando nossos celulares.Este não é um hábito que pessoas bem-sucedidas adotam.

A verdade é que a maioria das pessoas bem-sucedidas utilizam as mídias sociais para ter mais sucesso e não perdendo tempo vendo o que os amigos estão fazendo ou postando ou lendo as reclamações de outras pessoas sobre suas vidas.Pessoas bem-sucedidas ficam focadas na tarefa que têm em mãos.Quando estão com um grupo de pessoas, elas interagem entre si ao invés de postar um status atualizado na mídia social.

Foco é um dos princípios mais importantes e também um dos mais fáceis de parar de fazer.Quando estiver com amigos e família, foque em investir no relacionamento.Quando estiver trabalhando numa única tarefa, não verifique seu e-mail constantemente e foque em finalizá-la.Quando você prepara sua lista de tarefas diárias seguindo o método "O que? Por que?& Como?" você deve ter criado um senso de urgência ou ao menos uma razão forte para não perder o foco no seu objetivo.Esteja focado e tenha mais resultados, AGORA!

~ LIDANDO COM DISTRAÇÕES ~

Este princípio anda junto com o "foco".Eu já falei sobre as distrações com mídia social, e-mail ou informação na internet, mas ainda há muitas outras distrações.Pense no ambiente a sua volta quando está trabalhando em alguma tarefa.Esse ambiente é o mais apropriado para você a fim de completar sua tarefa?Talvez você esteja sentado numa mesa bagunçada ou você trabalha em casa e seus filhos ficam correndo ao seu redor e sempre pedindo sua atenção.

Distrações nos seguram e nos afastam de sermos melhores.Cada minuto que nós gastamos distraídos da tarefa que estamos fazendo naquele momento, é um minuto a menos que temos para nosso crescimento.Tempo é igual para todos.Não estou falando da longevidade de alguém, mas no fato de que todos temos 24 horas no dia para fazer o máximo que podemos.Alguns aproveitam para dormir 10 dessas 24 horas, gastam 2 horas em sites de mídia social, fazem as tarefas mais lentamente e se perguntam sobre seus dias sem direção.

Cabe a você se perguntar se existe um lugar melhor para se trabalhar diante de seus objetivos. Eu tenho uma grande dificuldade de trabalhar em casa quando os outros membros da minha família estão na minha casa. Portanto, eu encontrei diversas cafeterias perto de mim que percebi que me dão um ambiente de trabalho melhor. Da próxima vez que você iniciar uma tarefa, se pergunte: "Poderia ser mais produtiva em outro lugar?" E a resposta provavelmente será sim!

Quando eu comecei a trabalhar em casa e escrever, pensei que com certeza eu amaria trabalhar perto da piscina enquanto tomava sol e logo descobri que não seria o caso. O sol dá um brilho na tela do meu computador tornando quase impossível realizar o trabalho, portanto acabei procurando um local mais apropriado. O melhor conselho que eu posso dar nesse assunto é: "Faça o seu melhor para eliminar distrações."Isso fará com que você alcance seus objetivos muito mais facilmente.

~ SEMPRE PROCURE MELHORAR ~

O fato de você estar lendo esse livro, mostra que já está no caminho certo.Pessoas bem-sucedidas nunca param de tentar melhorar.Quer seja lendo um livro, participando de um seminário, se exercitando regularmente ou qualquer outra tarefa que fará a pessoa crescer, nós sempre precisamos buscar ser versões melhores de nós mesmos.

Tony Robbins tem um mantra que diz: "Quando paramos de crescer, começamos a morrer!"É uma declaração bem forte, mas bastante precisa também.Você precisa esforçar-se mais e mais diariamente.Aprender algo novo, tentar fazer algo de um jeito diferente do que fazia no passado e esforçar-se para atingir um nível mais alto de conquista.

Capítulo 3 – Comece já

Agora que você já leu os 8 princípios que te ajudarão a alcançar resultados que você sempre quis, use essa informação!O próximo passo é aplicá-la.Talvez você inicie com uma mudança pequena ou talvez você mergulhe de cabeça e renove completamente sua vida.Você tem a informação e as práticas para te ajudar a alcançar tudo que você sempre quis e agora só depende de você!

Não procrastine quando estamos falando de criar sua vida dos sonhos.Lembre-se de manter-se focado, aprender com os erros e sempre buscar melhorar.Escreva suas tarefas diárias e tenha certeza que você sabe o motivo pelo qual você quer atingi-las.Quando estiver se programando para alcançar estes objetivos, tenha múltiplos métodos de ataque e não tenha medo de errar.Ao final do dia, reflita sobre o que você alcançou e o que ainda precisa ser feito.Sonhe grande e encontre outros indivíduos com o mesmo sentimento a fim de te guiar nessa jornada.

Conclusão

Obrigada novamente por ter feito o download deste livro!

Eu espero que este livro te ajude a cumprir mais objetivos na sua vida e que você se mantenha focado nas tarefas que significam mais pra você!

Finalmente, se você gostou deste livro, compartilhe seus pensamentos e poste uma revisão. Serei muito grata!

Obrigada e boa sorte!

www.ingramcontent.com/pod-product-compliance
Lightning Source LLC
Chambersburg PA
CBHW071910070526
44583CB00016B/1923